화엄경 제35권(십지품 제26-2) 해설

화엄경 제35권에서는 십지품이 계속된다.

금강장보살의 중송이 1-2p까지 이어지고, 초지에서 제2지에 올라가려면 ① 정직심 ② 유연심 ③ 감능심 ④ 조복심 ⑤ 적정심 ⑥ 순선심 ⑦ 불잡심 ⑧ 무고연심 ⑨ 광심 ⑩ 대심 등 10종 心에 들어가야 한다" 하고 10선업도에 대한 법문을 하였다(pp.3~37).

그리고 게송으로 읊었다.

"質直柔軟及堪能 ~ 柔軟心者諸功德"

제3지에 들어가려면 10종 深心이 있어야 하는데, ① 청정심 ② 안주심 ③ 염사심 ④ 이탐심 ⑤ 불퇴심 ⑥ 견고심 ⑦ 명성심 ⑧ 용맹심 ⑨ 광심 ⑩ 대심 이 그것이라 하였다(pp.51~52)

그리고 중생의 遇患을 구제하려면 10종 애민심(pp.55~56)을 내고 갖가지 방편으로 중생들을 구경열반에 이르게 해야 한다(pp.57~58) 하였다.

그래서 제3발광지에 들어가 갖가지 신통력으로(pp.65~82) 중생을 구제해야 한다 하고 거듭 게송을 읊었다.

"淸淨安住明盛心 ~ 我依其義已解釋"

十地品 (십지품)

第二十六之二 (제이십육지이)

諸菩薩聞此 (제보살문차)
其心盡清淨 (기심진청정)
皆從於座起 (개종어좌기)
普散上妙華 (보산상묘화)
善哉金剛藏 (선재금강장)
善說於此地 (선설어차지)

最勝微妙地 (최승미묘지)
一切皆歡喜 (일체개환희)
踊住虚空中 (용주허공중)
同時共稱讚 (동시공칭찬)
大智無畏者 (대지무외자)
菩薩所行法 (보살소행법)

사경의 공덕은 십만억 부처님께 공양한 것과 같은 공덕이 있습니다.

十種深心何等爲十
십종심심하등위십

所謂正直心柔軟心堪能
소위정직심유연심감능

心調伏心寂靜心純善心不
심조복심적정심순선심부

雜心無顧戀心廣心大心菩
잡심무고련심광심대심보

薩以此十心得入第二離垢
살이차십심득입제이리구

地
지

佛子菩薩住離垢地性自
불자보살주리구지성자

遠離一切殺生不畜刀杖不
원리일체살생불축도장불

懷怨恨有慚有愧仁恕具足
회원한유참유괴인서구족

於一切衆生有命之者常生
어일체중생유명지자상생

利益慈念之心
리익자념지심

是菩薩尙不惡心惱諸衆
시보살상불악심뇌제중

生何況於他起衆生想故以
생하황어타기중생상고이

重意而行殺害性不偸盜菩
중의이행살해성불투도보

薩(살) 於(어) 自(자) 資(자) 財(재) 常(상) 知(지) 止(지) 足(족) 於(어) 他(타)
慈(자) 恕(서) 不(불) 欲(욕) 侵(침) 損(손) 若(약) 物(물) 屬(속) 他(타) 起(기)
他(타) 物(물) 想(상) 終(종) 不(불) 於(어) 此(차) 而(이) 生(생) 盜(도) 心(심)
乃(내) 至(지) 草(초) 葉(엽) 不(불) 與(여) 不(불) 取(취) 何(하) 況(황) 其(기)
餘(여) 資(자) 生(생) 之(지) 具(구) 性(성) 不(불) 邪(사) 婬(음) 菩(보) 薩(살)
於(어) 自(자) 妻(처) 知(지) 足(족) 不(불) 求(구) 他(타) 妻(처) 於(어) 他(타)
妻(처) 妾(첩) 他(타) 所(소) 護(호) 女(녀) 親(친) 族(족) 媒(매) 定(정) 及(급)

爲法所護尚不生於貪染之
위법소호상불생어탐염지

心何況從事況於非道性不
심하황종사황어비도성불

妄語菩薩常作實語眞語時
망어보살상작실어진어시

語
어

乃至夢中亦不忍作覆藏
내지몽중역불인작복장

之語無心欲作何況故犯性
지어무심욕작하황고범성

不兩舌菩薩於諸衆生無離
불량설보살어제중생무리

間(간)心(심)無(무)惱(뇌)害(해)心(심)不(부)將(장)此(차)語(어)爲(위)
破(파)彼(피)故(고)而(이)向(향)彼(피)說(설)不(부)將(장)彼(피)語(어)
爲(위)破(파)此(차)故(고)而(이)向(향)此(차)說(설)未(미)破(파)者(자)
不(불)令(령)破(파)已(이)破(파)者(자)不(부)增(증)長(장)不(불)喜(희)
離(리)間(간)不(불)樂(락)離(리)間(간)不(부)作(작)離(리)間(간)語(어)
不(불)說(설)離(리)間(간)語(어)若(약)實(실)若(약)不(부)實(실)
性(성)不(불)惡(악)口(구)所(소)謂(위)毒(독)害(해)語(어)麤(추)

獷語苦他語令他瞋恨語現
광어고타어령타진한어현

前語不現前語鄙惡語庸賤
전어불현전어비악어용천

語不可樂聞語聞者不悅語
어불가락문어문자불열어

瞋忿語如火燒心語怨結語
진분어여화소심어원결어

熱惱語不可愛語不可樂語
열뇌어불가애어불가락어

能壞自身他身語如是等語
능괴자신타신어여시등어

皆悉捨離
개실사리

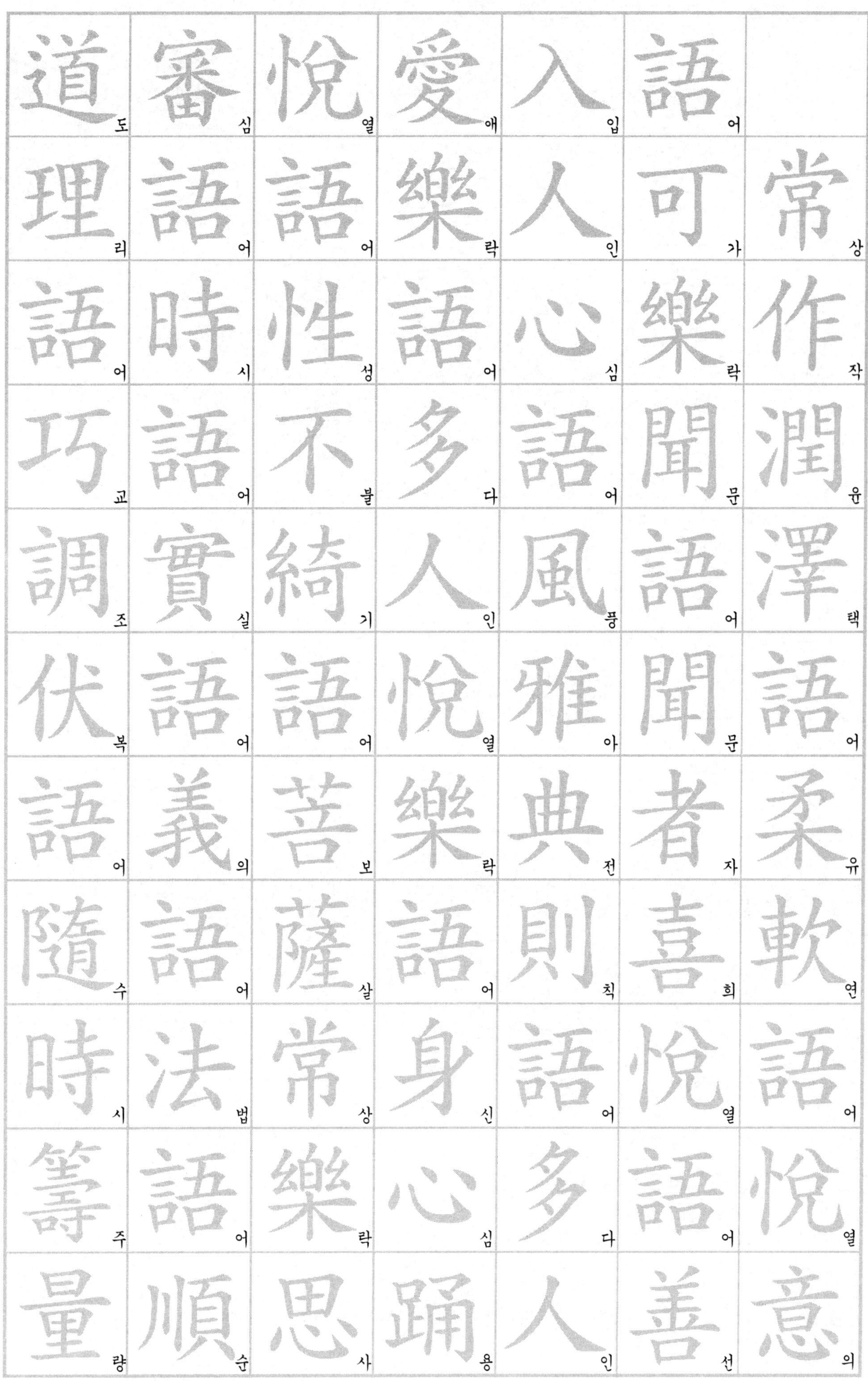

常(상)作(작)潤(윤)澤(택)語(어)柔(유)軟(연)語(어)悅(열)意(의)
語(어)可(가)樂(락)聞(문)語(어)聞(문)者(자)喜(희)悅(열)語(어)善(선)
入(입)人(인)心(심)語(어)風(풍)雅(아)典(전)則(칙)語(어)多(다)人(인)
愛(애)樂(락)語(어)多(다)人(인)悅(열)樂(락)語(어)身(신)心(심)踊(용)
悅(열)語(어)性(성)不(불)綺(기)語(어)菩(보)薩(살)常(상)樂(락)思(사)
審(심)語(어)時(시)語(어)實(실)語(어)義(의)語(어)法(법)語(어)順(순)
道(도)理(리)語(어)巧(교)調(조)伏(복)語(어)隨(수)時(시)籌(주)量(량)

決定語 (결정어)
是菩薩乃至戲笑尚恒思 (시보살내지희소상항사)
審何況故出散亂之言性不 (심하황고출산란지언성불)
貪欲菩薩於他財物他所資 (탐욕보살어타재물타소자)
用不生貪心不願不求性離 (용불생탐심불원불구성리)
瞋恚菩薩於一切衆生恒起 (진에보살어일체중생항기)
慈心利益心哀愍心歡喜心 (자심리익심애민심환희심)

和潤心攝受心永捨瞋恨怨
화윤심섭수심영사진한원

害熱惱常思順行仁慈祐益
해열뇌상사순행인자우익

又離邪見菩薩住於正道
우리사견보살주어정도

不行占卜不取惡戒心見正
불행점복불취악계심견정

直無誑無諂於佛法僧起決
직무광무첨어불법승기결

定信佛子菩薩摩訶薩如是
정신불자보살마하살여시

護持十善業道常無間斷復
호지십선업도상무간단부

사경의 공덕은 십만억 부처님께 공양한 것과 같은 공덕이 있습니다.

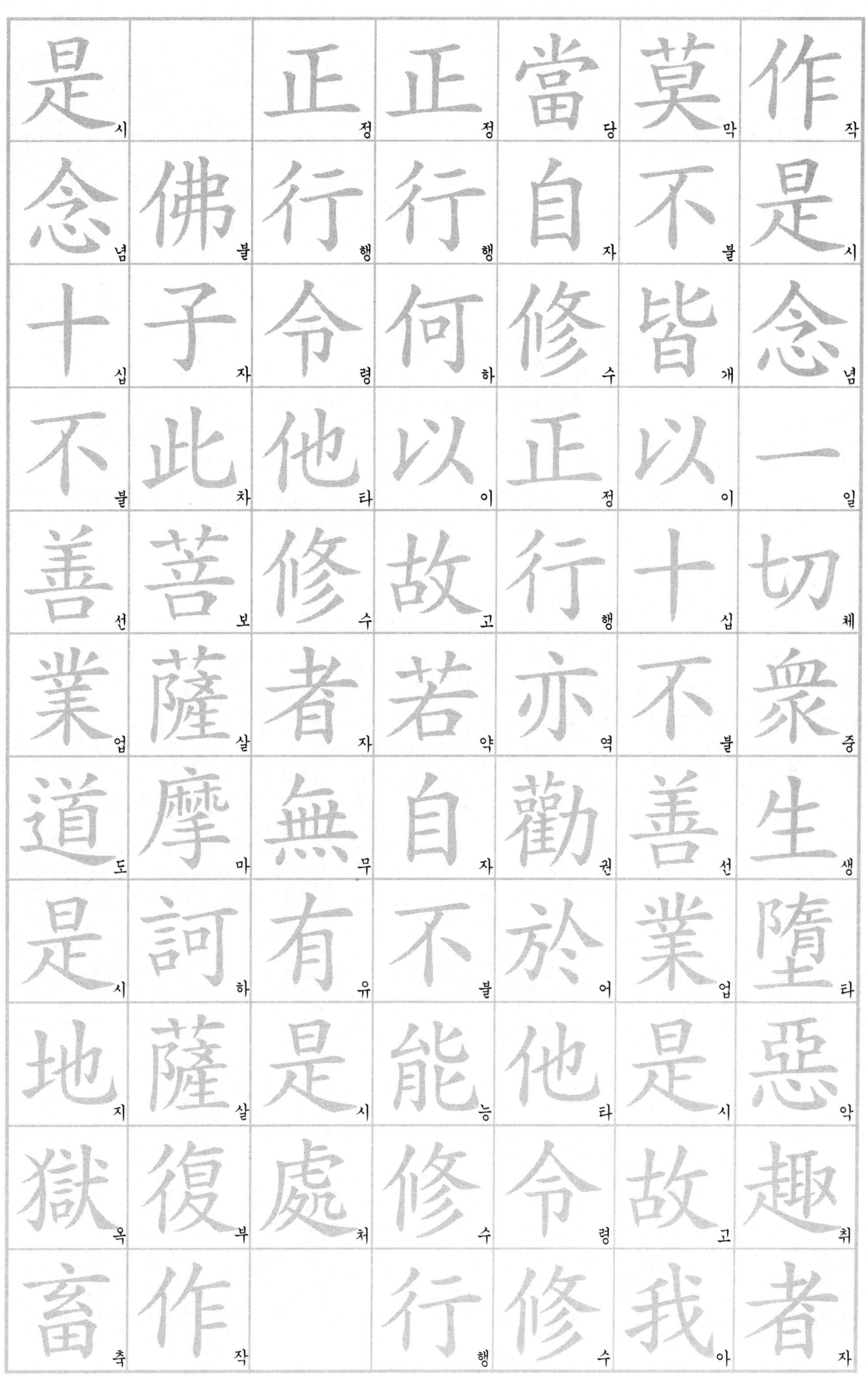
作是念一切衆生墮惡趣者
작시념일체중생타악취자
莫不皆以十不善業是故我
막불개이십불선업시고아
當自修正行亦勸於他令修
당자수정행역권어타령수
正行何以故若自不能修行
정행하이고약자불능수행
正行令他修者無有是處
정행령타수자무유시처
佛子此菩薩摩訶薩復作
불자차보살마하살부작
是念十不善業道是地獄畜
시념십불선업도시지옥축

修 수	聲 성	悲 비	習 습	此 차	人 인	生 생
治 치	聞 문	故 고	心 심	上 상	天 천	餓 아
清 청	乘 승	從 종	狹 협	品 품	乃 내	鬼 귀
淨 정	又 우	他 타	劣 렬	十 십	至 지	受 수
不 부	此 차	聞 문	故 고	善 선	有 유	生 생
從 종	上 상	聲 성	怖 포	業 업	頂 정	因 인
他 타	品 품	而 이	三 삼	道 도	處 처	十 십
教 교	十 십	解 해	界 계	以 이	受 수	善 선
自 자	善 선	了 료	故 고	智 지	生 생	業 업
覺 각	業 업	故 고	闕 궐	慧 혜	因 인	道 도
悟 오	道 도	成 성	大 대	修 수	又 우	是 시

사경의 공덕은 십만억 부처님께 공양한 것과 같은 공덕이 있습니다.

故고 大대 悲비 方방 便편 不불 具구 足족 故고 悟오 解해

甚심 深심 因인 緣연 法법 故고 成성 獨독 覺각 乘승 又우

此차 上상 品품 十십 善선 業업 道도 修수 治치 清청 淨정

心심 廣광 無무 量량 故고 具구 足족 悲비 愍민 故고 方방

便편 所소 攝섭 故고 發발 生생 大대 願원 故고 不불 捨사

衆중 生생 故고 希희 求구 諸제 佛불 大대 智지 故고 淨정

治치 菩보 薩살 諸제 地지 故고 淨정 修수 一일 切체 諸제

度故成菩薩廣大行又此上
도고성보살광대행우차상

上十善業道一切種清淨故
상십선업도일체종청정고

乃至證十力四無畏故一切
내지증십력사무외고일체

佛法皆得成就是故我今等
불법개득성취시고아금등

行十善應令一切具足清淨
행십선응령일체구족청정

如是方便菩薩當學
여시방편보살당학

佛子此菩薩摩訶薩又作
불자차보살마하살우작

是念十不善業道上者地獄
시념십불선업도상자지옥

因中者畜生因下者餓鬼因
인중자축생인하자아귀인

於中殺生之罪能令衆生墮
어중살생지죄능령중생타

於地獄畜生餓鬼若生人中
어지옥축생아귀약생인중

得二種果報一者短命二者
득이종과보일자단명이자

多病
다병

偸盜之罪亦令衆生墮三
투도지죄역령중생타삼

惡道若生人中得二種果報
악도약생인중득이종과보

一者貧窮二者共財不得自
일자빈궁이자공재부득자

在邪婬之罪亦令衆生墮三
재사음지죄역령중생타삼

惡道若生人中得二種果報
악도약생인중득이종과보

一者妻不貞良二者不得隨
일자처부정량이자부득수

意眷屬
의권속

妄語之罪亦令衆生墮三
망어지죄역령중생타삼

惡道若生人中得二種果報
악도약생인중득이종과보

一者多被誹謗二者爲他所
일자다피비방이자위타소

誑兩舌之罪亦令衆生墮三
광양설지죄역령중생타삼

惡道若生人中得二種果報
악도약생인중득이종과보

一者眷屬乖離二者親族弊
일자권속괴리이자친족폐

惡
악

惡口之罪亦令衆生墮三
악구지죄역령중생타삼

	了 료	一 일	惡 악	訟 송	一 일	惡 악
貪 탐		者 자	道 도	綺 기	者 자	道 도
欲 욕		言 언	若 약	語 어	常 상	若 약
之 지		無 무	生 생	之 지	聞 문	生 생
罪 죄		人 인	人 인	罪 죄	惡 악	人 인
亦 역		受 수	中 중	亦 역	聲 성	中 중
令 령		二 이	得 득	令 령	二 이	得 득
衆 중		者 자	二 이	衆 중	者 자	二 이
生 생		語 어	種 종	生 생	言 언	種 종
墮 타		不 불	果 과	墮 타	多 다	果 과
三 삼		明 명	報 보	三 삼	諍 쟁	報 보

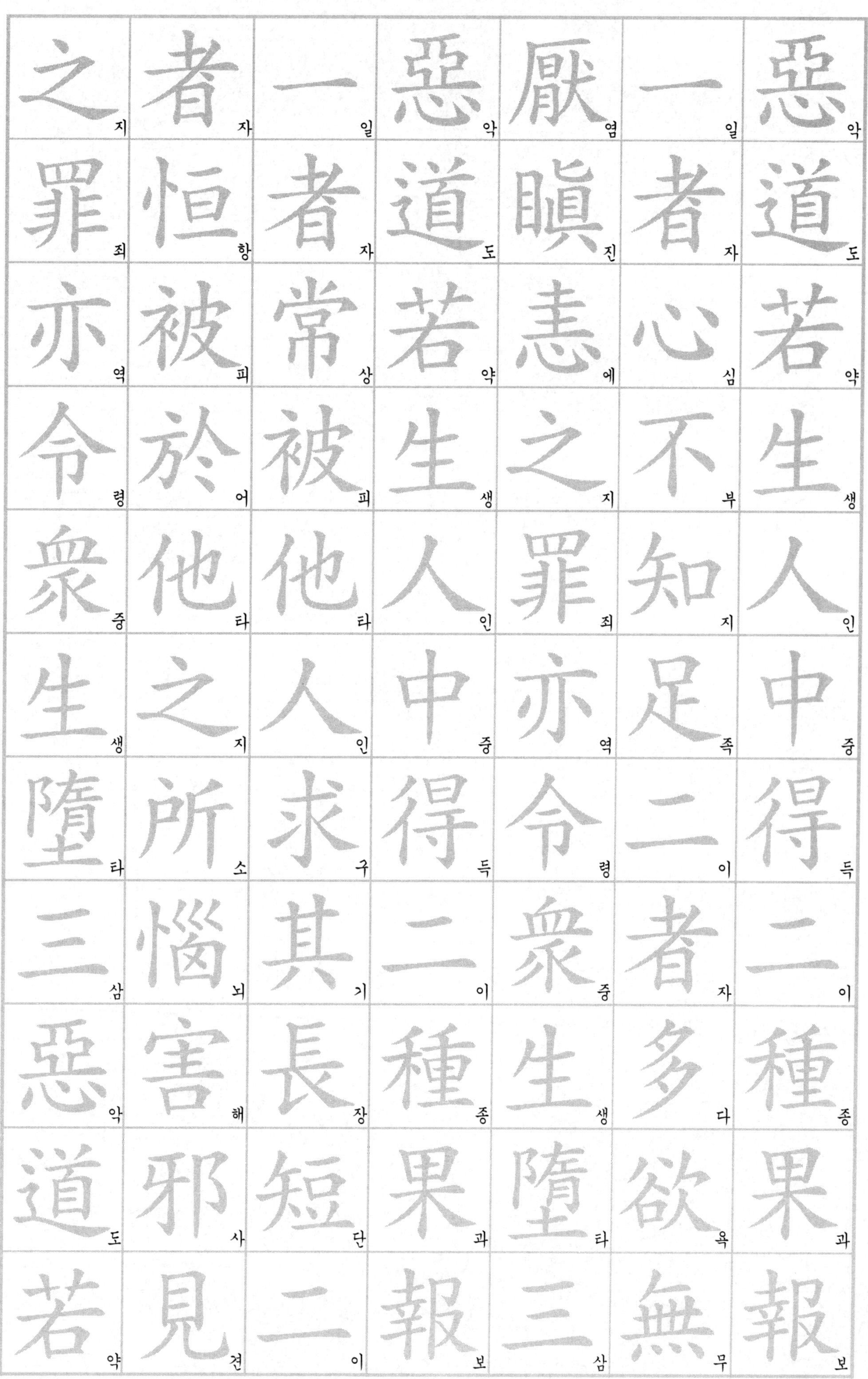
惡道若生人中得二種果報
악도약생인중득이종과보
一者心不知足二者多欲無
일자심부지족이자다욕무
厭瞋恚之罪亦令衆生墮三
염진에지죄역령중생타삼
惡道若生人中得二種果報
악도약생인중득이종과보
一者常被他人求其長短二
일자상피타인구기장단이
者恒被於他之所惱害邪見
자항피어타지소뇌해사견
之罪亦令衆生墮三惡道若
지죄역령중생타삼악도약

生人中得二種果報一者生
생인중득이종과보일자생

邪見家二者其心諂曲
사견가이자기심첨곡

佛子十不善業道能生此
불자십불선업도능생차

等無量無邊衆大苦聚是故
등무량무변중대고취시고

菩薩作如是念我當遠離十
보살작여시념아당원리십

不善道以十善道爲法園苑
불선도이십선도위법원원

愛樂安住自住其中亦勸他
애락안주자주기중역권타

人(인)令(령)住(주)其(기)中(중)

佛(불)子(자)此(차)菩(보)薩(살)摩(마)訶(하)薩(살)復(부)於(어)

一(일)切(체)衆(중)生(생)生(생)利(리)益(익)心(심)安(안)樂(락)心(심)

慈(자)心(심)悲(비)心(심)憐(연)愍(민)心(심)攝(섭)受(수)心(심)守(수)

護(호)心(심)自(자)己(기)心(심)師(사)心(심)大(대)師(사)心(심)作(작)

是(시)念(념)言(언)衆(중)生(생)可(가)愍(민)墮(타)於(어)邪(사)見(견)

惡(악)慧(혜)惡(악)欲(욕)惡(악)道(도)稠(조)林(림)我(아)應(응)令(령)

彼住於正見行眞實道
又作是念一切衆生分別
彼我互相破壞鬪諍瞋恨熾
然不息我當令彼住於無上
大慈之中又作是念一切衆
生貪取無厭唯求財利邪命
自活我當令彼住於清淨身

사경의 공덕은 십만억 부처님께 공양한 것과 같은 공덕이 있습니다.

語(어) 意(의) 業(업) 正(정) 命(명) 法(법) 中(중) 又(우) 作(작) 是(시) 念(념)

一(일) 切(체) 衆(중) 生(생) 常(상) 隨(수) 三(삼) 毒(독)

種(종) 種(종) 煩(번) 惱(뇌) 因(인) 之(지) 熾(치) 然(연) 不(불) 解(해)

志(지) 求(구) 出(출) 要(요) 方(방) 便(편) 我(아) 當(당) 令(령) 彼(피) 除(제)

滅(멸) 一(일) 切(체) 煩(번) 惱(뇌) 大(대) 火(화) 安(안) 置(치) 清(청) 涼(량)

涅(열) 槃(반) 之(지) 處(처) 又(우) 作(작) 是(시) 念(념) 一(일) 切(체) 衆(중)

生(생) 爲(위) 愚(우) 癡(치) 重(중) 暗(암) 妄(망) 見(견) 厚(후) 膜(막) 之(지)

所覆故入陰翳稠林失智慧
소복고입음예조림실지혜

光明行曠野險道起諸惡見
광명행광야험도기제악견

我當令彼得無障礙淸淨
아당령피득무장애청정

智眼知一切法如實相不隨
지안지일체법여실상불수

他教又作是念一切衆生在
타교우작시념일체중생재

於生死險道之中將墮地獄
어생사험도지중장타지옥

畜生餓鬼入惡見網中爲愚
축생아귀입악견망중위우

癡(치)稠(조)林(림)所(소)迷(미)隨(수)逐(축)邪(사)道(도)行(행)顚(전)

倒(도)行(행)譬(비)如(여)盲(맹)人(인)無(무)有(유)導(도)師(사)非(비)

出(출)要(요)道(도)謂(위)爲(위)出(출)要(요)入(입)魔(마)境(경)界(계)

惡(악)賊(적)所(소)攝(섭)隨(수)順(순)魔(마)心(심)遠(원)離(리)佛(불)

意(의)

我(아)當(당)拔(발)出(출)如(여)是(시)險(험)難(난)令(령)住(주)

無(무)畏(외)一(일)切(체)智(지)城(성)又(우)作(작)是(시)念(념)一(일)

貪 탐	取 취	隨 수	不 불	死 사	入 입	切 체
愛 애	將 장	逐 축	暇 가	迴 회	欲 욕	衆 중
深 심	其 기	不 불	觀 관	澓 복	流 류	生 생
生 생	永 영	捨 사	察 찰	愛 애	有 유	爲 위
染 염	入 입	身 신	爲 위	河 하	流 류	大 대
著 착	愛 애	見 견	欲 욕	漂 표	無 무	瀑 폭
住 주	欲 욕	羅 라	覺 각	轉 전	明 명	水 수
我 아	稠 조	刹 찰	恚 에	湍 단	流 류	波 파
慢 만	林 림	於 어	覺 각	馳 치	見 견	浪 랑
原 원	於 어	中 중	害 해	奔 분	流 류	所 소
阜 부	所 소	執 집	覺 각	激 격	生 생	沒 몰

苦 고	念 념	住 주	爲 위	於 어		安 안
惱 뇌	一 일	於 어	救 구	彼 피	無 무	六 륙
常 상	切 체	一 일	濟 제	起 기	善 선	處 처
懷 회	衆 중	切 체	令 령	大 대	救 구	聚 취
愛 애	生 생	智 지	無 무	悲 비	者 자	落 락
憎 증	處 처	慧 혜	災 재	心 심	無 무	
自 자	世 세	寶 보	患 환	以 이	能 능	
生 생	牢 뢰	洲 주	離 리	諸 제	度 도	
憂 우	獄 옥	又 우	染 염	善 선	者 자	
怖 포	多 다	作 작	寂 적	根 근	我 아	
貪 탐	諸 제	是 시	靜 정	而 이	當 당	

사경의 공덕은 십만억 부처님께 공양한 것과 같은 공덕이 있습니다.

欲重械之所繫縛無明稠林
욕중계지소계박무명조림

以爲覆障於三界內莫能自
이위부장어삼계내막능자

出
출

我當令彼永離三有住無
아당령피영리삼유주무

障礙大涅槃中又作是念一
장애대열반중우작시념일

切衆生執著於我於諸蘊窟
체중생집착어아어제온굴

宅不求出離依六處空聚起
택불구출리의륙처공취기

四(사)顚(전)倒(도)行(행)爲(위)四(사)大(대)毒(독)蛇(사)之(지)所(소)
侵(침)惱(뇌)五(오)蘊(온)怨(원)賊(적)之(지)所(소)殺(살)害(해)受(수)
無(무)量(량)苦(고)我(아)當(당)令(령)彼(피)住(주)於(어)最(최)勝(승)
無(무)所(소)著(착)處(처)所(소)謂(위)滅(멸)一(일)切(체)障(장)礙(애)
無(무)上(상)涅(열)槃(반)
又(우)作(작)是(시)念(념)一(일)切(체)衆(중)生(생)其(기)心(심)
狹(협)劣(렬)不(불)行(행)最(최)上(상)一(일)切(체)智(지)道(도)雖(수)

欲出離但樂聲聞辟支佛乘
욕 출 리 단 락 성 문 벽 지 불 승

我當令住廣大佛法廣大智
아 당 령 주 광 대 불 법 광 대 지

慧佛子菩薩如是護持於戒
혜 불 자 보 살 여 시 호 지 어 계

善能增長慈悲之心
선 능 증 장 자 비 지 심

佛子菩薩住此離垢地以
불 자 보 살 주 차 리 구 지 이

願力故得見多佛所謂見多
원 력 고 득 견 다 불 소 위 견 다

百佛多千佛多百千佛多億
백 불 다 천 불 다 백 천 불 다 억

佛多百億佛多千億佛多百
불다백억불다천억불다백

千億佛如是乃至見多百千
천억불여시내지견다백천

億那由他佛
억나유타불

於諸佛所以廣大心深心
어제불소이광대심심심

恭敬尊重承事供養衣服飮
공경존중승사공양의복음

食臥具醫藥一切資生悉以
식와구의약일체자생실이

奉施亦以供養一切衆僧以
봉시역이공양일체중승이

此善根迴向阿耨多羅三藐 (차선근회향아뇩다라삼먁)
三菩提 (삼보리)
於諸佛所以尊重心復更 (어제불소이존중심부갱)
受行十善道法隨其所受乃 (수행십선도법수기소수내)
至菩提終不忘失是菩薩於 (지보리종불망실시보살어)
無量百千億那由他劫遠離 (무량백천억나유타겁원리)
慳嫉破戒垢故布施持戒淸 (간질파계구고보시지계청)

淨滿足譬如眞金置礬石中
정만족비여진금치반석중

如法鍊已離一切垢轉復明
여법련이리일체구전부명

淨
정

菩薩住此離垢地亦復如
보살주차리구지역부여

是於無量百千億那由他劫
시어무량백천억나유타겁

遠離慳嫉破戒垢故布施持
원리간질파계구고보시지

戒淸淨滿足佛子此菩薩四
계청정만족불자차보살사

攝(섭)法(법)中(중)愛(애)語(어)偏(변)多(다)十(십)波(바)羅(라)蜜(밀)
中(중)持(지)戒(계)偏(변)多(다)餘(여)非(비)不(불)行(행)但(단)隨(수)
力(력)隨(수)分(분)佛(불)子(자)是(시)名(명)略(략)說(설)菩(보)薩(살)
摩(마)訶(하)薩(살)第(제)二(이)離(리)垢(구)地(지)
菩(보)薩(살)住(주)此(차)地(지)多(다)作(작)轉(전)輪(륜)聖(성)
王(왕)爲(위)大(대)法(법)主(주)具(구)足(족)七(칠)寶(보)有(유)自(자)
在(재)力(력)能(능)除(제)一(일)切(체)衆(중)生(생)慳(간)貪(탐)破(파)

戒垢以善方便令其安住十
계구이선방편령기안주십

善道中爲大施主周給無盡
선도중위대시주주급무진

布施愛語利行同事如是一
보시애어리행동사여시일

切諸所作業皆不離念佛不
체제소작업개불리념불불

離念法不離念僧乃至不離
리념법불리념승내지불리

念具足一切種一切智智
념구족일체종일체지지

又作是念我當於一切衆
우작시념아당어일체중

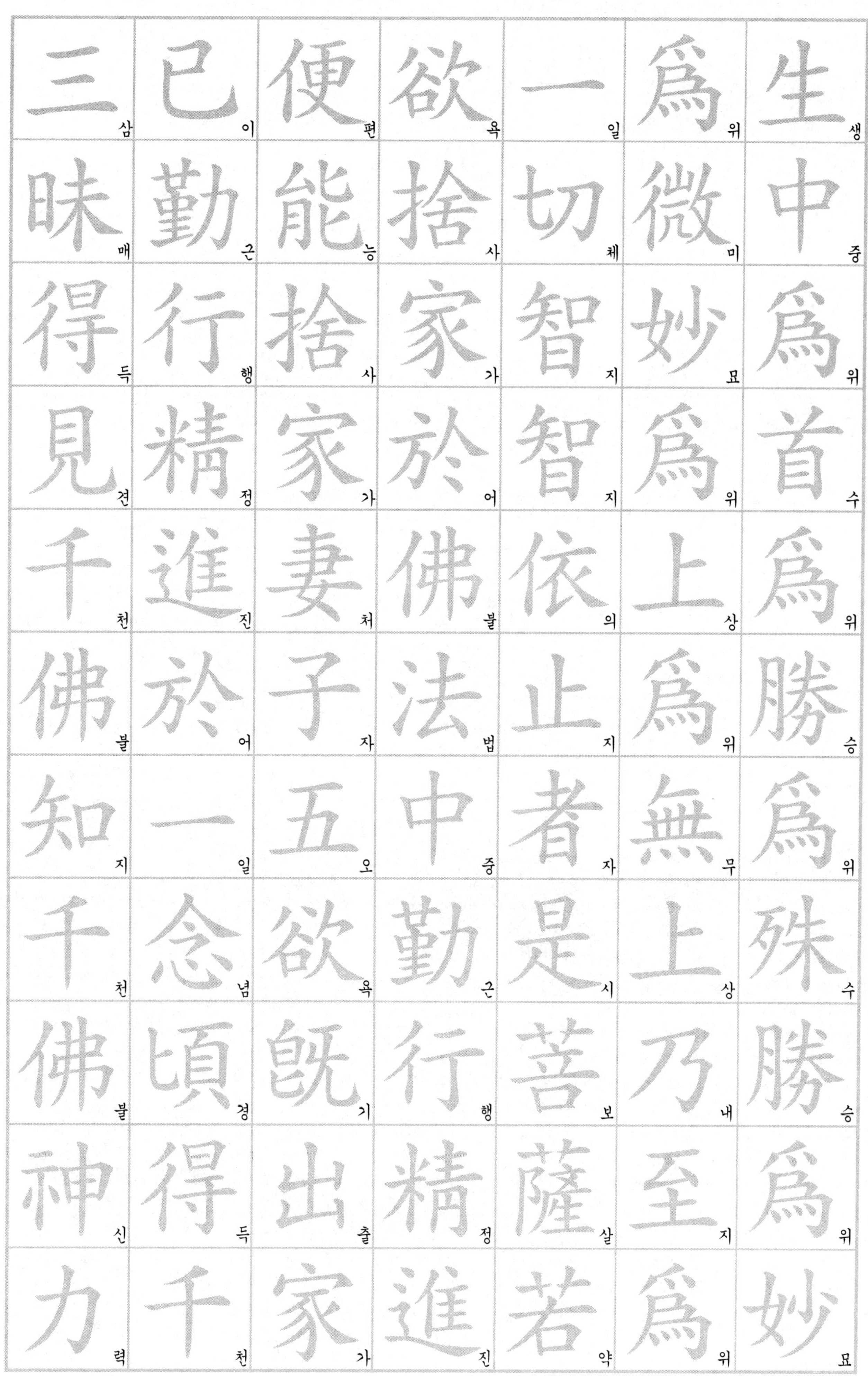
生中爲首爲勝爲殊勝爲妙
爲微妙爲上爲無上乃至爲
一切智智依止者是菩薩若
欲捨家於佛法中勤行精進
便能捨家妻子五欲旣出家
已勤行精進於一念頃得千
三昧得見千佛知千佛神力

能動千世界乃至能示現千
능동천세계내지능시현천

身
신

於一一身能示現千菩薩
어일일신능시현천보살

以爲眷屬若以菩薩殊勝願
이위권속약이보살수승원

力自在示現過於是數百劫
력자재시현과어시수백겁

千劫乃至百千億那由他劫
천겁내지백천억나유타겁

不能數知
불능수지

爾時金剛藏菩薩欲重宣其義而說頌曰
(이시금강장보살욕중선기의이설송왈)

質直柔軟及堪能 (질직유연급감능)
調伏寂靜與純善 (조복적정여순선)
速出生死廣大意 (속출생사광대의)
以此十心入二地 (이차십심입이지)
住此成就戒功德 (주차성취계공덕)

遠離殺生不惱害
원리살생불뇌해

亦離偷盜及邪婬
역리투도급사음

妄惡乖離無義語
망악괴리무의어

不貪財物常慈愍
불탐재물상자민

正道直心無諂僞
정도직심무첨위

離險捨慢極調柔
이험사만극조유

依教而行不放逸
의교이행불방일

地獄畜生受衆苦 (지옥축생수중고)

餓鬼燒然出猛焰 (아귀소연출맹염)

一切皆由罪所致 (일체개유죄소치)

我當離彼住實法 (아당리피주실법)

人中隨意得受生 (인중수의득수생)

乃至頂天禪定樂 (내지정천선정락)

獨覺聲聞佛乘道 (독각성문불승도)

皆因十善而成就
개인십선이성취

如是思惟不放逸
여시사유불방일

自持淨戒教他護
자지정계교타호

復見群生受衆苦
부견군생수중고

轉更增益大悲心
전갱증익대비심

凡愚邪智不正解
범우사지부정해

常懷忿恨多諍訟
상회분한다쟁송

貪求境界無足期
탐구경계무족기

我應令彼除三毒
아응령피제삼독

愚癡大暗所纏覆
우치대암소전부

入大險道邪見網
입대험도사견망

生死籠檻怨所拘
생사롱함원소구

我應令彼摧魔賊
아응령피최마적

四流漂蕩心沒溺
사류표탕심몰닉

사경의 공덕은 십만억 부처님께 공양한 것과 같은 공덕이 있습니다.

三界焚如苦無量
삼계분여고무량

計蘊爲宅我在中
계온위택아재중

爲欲度彼勤行道
위욕도피근행도

設求出離心下劣
설구출리심하렬

捨於最上佛智慧
사어최상불지혜

我欲令彼住大乘
아욕령피주대승

發勤精進無厭足
발근정진무염족

菩薩住此集功德
보살주차집공덕

見無量佛咸供養
견무량불함공양

億劫修治善更明
억겁수치선갱명

如以好藥鍊眞金
여이호약련진금

佛子住此作輪王
불자주차작륜왕

普化衆生行十善
보화중생행십선

所有善法皆修習
소유선법개수습

爲成十力救於世
위성십력구어세

欲捨王位及財寶
욕사왕위급재보

卽棄居家依佛敎
즉기거가의불교

勇猛精勤一念中
용맹정근일념중

獲千三昧見千佛
획천삼매견천불

所有種種神通力
소유종종신통력

此地菩薩皆能現
차지보살개능현

사경의 공덕은 십만억 부처님께 공양한 것과 같은 공덕이 있습니다.

願力所作復過此 (원력소작부과차)
無量自在度群生 (무량자재도군생)
一切世間利益者 (일체세간리익자)
所修菩薩最勝行 (소수보살최승행)
如是第二地功德 (여시제이지공덕)
爲諸佛子已開演 (위제불자이개연)
佛子得聞此地行 (불자득문차지행)

사경의 공덕은 십만억 부처님께 공양한 것과 같은 공덕이 있습니다.

菩薩境界難思議
보살경계난사의

靡不恭敬心歡喜
미불공경심환희

散華空中爲供養
산화공중위공양

讚言善哉大山王
찬언선재대산왕

慈心愍念諸衆生
자심민념제중생

善說智者律儀法
선설지자률의법

第二地中之行相
제이지중지행상

사경의 공덕은 십만억 부처님께 공양한 것과 같은 공덕이 있습니다.

是諸菩薩微妙行 (시제보살미묘행)
眞實無異無差別 (진실무이무차별)
爲欲利益諸群生 (위욕리익제군생)
如是演說最淸淨 (여시연설최청정)
一切人天供養者 (일체인천공양자)
願爲演說第三地 (원위연설제삼지)
與法相應諸智業 (여법상응제지업)

사경의 공덕은 십만억 부처님께 공양한 것과 같은 공덕이 있습니다.

如其境界希具闡 (여기경계희구천)
大仙所有施戒法 (대선소유시계법)
忍辱精進禪智慧 (인욕정진선지혜)
及以方便慈悲道 (급이방편자비도)
佛淸淨行願皆說 (불청정행원개설)
時解脫月復請言 (시해탈월부청언)
無畏大士金剛藏 (무외대사금강장)

사경의 공덕은 십만억 부처님께 공양한 것과 같은 공덕이 있습니다.

願說趣入第三地 (원설취입제삼지)
柔和心者諸功德 (유화심자제공덕)
爾時金剛藏菩薩告解脫 (이시금강장보살고해탈)
月菩薩言佛子菩薩摩訶薩 (월보살언불자보살마하살)
已淨第二地欲入第三地當 (이정제이지욕입제삼지당)
起十種深心何等爲十所謂 (기십종심심하등위십소위)
淸淨心安住心厭捨心離貪 (청정심안주심염사심리탐)

心심 不불 退퇴 心심 堅견 固고 心심 明명 盛성 心심 勇용
猛맹 心심 廣광 心심 大대 心심 菩보 薩살 以이 是시 十십
心심 得득 入입 第제 三삼 地지
佛불 子자 菩보 薩살 摩마 訶하 薩살 住주 第제 三삼
地지 已이 觀관 一일 切체 有유 爲위 法법 如여 實실 相상
所소 謂위 無무 常상 苦고 不부 淨정 不불 安안 隱은 敗패
壞괴 不불 久구 住주 刹찰 那나 不생 生생 滅멸 非비 從종 前전

際(제)生(생)非(비)向(향)後(후)際(제)去(거)非(비)於(어)現(현)在(재)
住(주)
又(우)觀(관)此(차)法(법)無(무)救(구)無(무)依(의)與(여)憂(우)
與(여)悲(비)苦(고)惱(뇌)同(동)住(주)愛(애)憎(증)所(소)繫(계)愁(수)
慼(척)轉(전)多(다)無(무)有(유)停(정)積(적)貪(탐)恚(에)癡(치)火(화)
熾(치)然(연)不(불)息(식)衆(중)患(환)所(소)纏(전)日(일)夜(야)增(증)
長(장)如(여)幻(환)不(부)實(실)見(견)如(여)是(시)已(이)於(어)一(일)

切(체)有(유)爲(위)倍(배)增(증)厭(염)離(리)趣(취)佛(불)智(지)慧(혜)
見(견)佛(불)智(지)慧(혜)不(불)可(가)思(사)議(의)無(무)等(등)無(무)
量(량)難(난)得(득)無(무)雜(잡)無(무)惱(뇌)無(무)憂(우)至(지)無(무)
畏(외)城(성)不(불)復(부)退(퇴)還(환)能(능)救(구)無(무)量(량)苦(고)
難(난)衆(중)生(생)
菩(보)薩(살)如(여)是(시)見(견)如(여)來(래)智(지)慧(혜)無(무)
量(량)利(리)益(익)見(견)一(일)切(체)有(유)爲(위)無(무)量(량)過(과)

患(환) 則(즉) 於(어) 一(일) 切(체) 衆(중) 生(생) 生(생) 十(십) 種(종) 哀(애)

愍(민) 心(심) 何(하) 等(등) 爲(위) 十(십) 所(소) 謂(위) 見(견) 諸(제) 衆(중)

生(생) 孤(고) 獨(독) 無(무) 依(의) 生(생) 哀(애) 愍(민) 心(심) 見(견) 諸(제)

衆(중) 生(생) 貧(빈) 窮(궁) 困(곤) 乏(핍) 生(생) 哀(애) 愍(민) 心(심) 見(견)

諸(제) 衆(중) 生(생) 三(삼) 毒(독) 火(화) 然(연) 生(생) 哀(애) 愍(민) 心(심)

見(견) 諸(제) 衆(중) 生(생) 諸(제) 有(유) 牢(뢰) 獄(옥) 之(지) 所(소) 禁(금)

閉(폐) 生(생) 哀(애) 愍(민) 心(심) 見(견) 諸(제) 衆(중) 生(생) 煩(번) 惱(뇌)

稠林恒所覆障生哀愍心見 (조림항소복장생애민심견)

諸衆生不善觀察生哀愍心 (제중생불선관찰생애민심)

見諸衆生無善法欲生哀愍 (견제중생무선법욕생애민)

心見諸衆生失諸佛法生哀 (심견제중생실제불법생애)

愍心見諸衆生隨生死流生 (민심견제중생수생사류생)

哀愍心見諸衆生失解脫方 (애민심견제중생실해탈방)

便生哀愍心是爲十 (편생애민심시위십)

菩薩如是見衆生界無量
보살여시견중생계무량

苦惱發大精進作是念言此
고뇌발대정진작시념언차

等衆生我應救我應脫我應
등중생아응구아응탈아응

淨我應度應著善處應令安
정아응도응착선처응령안

住應令歡喜應令知見應令
주응령환희응령지견응령

調伏應令涅槃菩薩如是厭
조복응령열반보살여시염

離一切有爲如是愍念一切
리일체유위여시민념일체

衆(중)生(생)知(지)一(일)切(체)智(지)智(지)有(유)勝(승)利(리)益(익)
欲(욕)依(의)如(여)來(래)智(지)慧(혜)救(구)度(도)衆(중)生(생)作(작)
是(시)思(사)惟(유)此(차)諸(제)衆(중)生(생)墮(타)在(재)煩(번)惱(뇌)
大(대)苦(고)之(지)中(중)
以(이)何(하)方(방)便(편)而(이)能(능)拔(발)濟(제)令(령)住(주)
究(구)竟(경)涅(열)槃(반)之(지)樂(락)便(편)作(작)是(시)念(념)欲(욕)
度(도)衆(중)生(생)令(령)住(주)涅(열)槃(반)不(불)離(리)無(무)障(장)

사경의 공덕은 십만억 부처님께 공양한 것과 같은 공덕이 있습니다.

礙解脫智無障礙解脫智不
애해탈지무장애해탈지불

離一切法如實覺一切法如
리일체법여실각일체법여

實覺不離無行無生行慧光
실각불리무행무생행혜광

無行無生行慧光不離禪善
무행무생행혜광불리선선

巧決定觀察智禪善巧決定
교결정관찰지선선교결정

觀察智不離善巧多聞
관찰지불리선교다문

菩薩如是觀察了知已倍
보살여시관찰료지이배

於正法勤求修習日夜唯願
어정법근구수습일야유원

聞法喜法樂法依法隨法解
문법희법락법의법수법해

法順法到法住法行法菩薩
법순법도법주법행법보살

如是勤求佛法所有珍財皆
여시근구불법소유진재개

無悋惜不見有物難得可重
무린석불견유물난득가중

但於能說佛法之人生難遭
단어능설불법지인생난조

想
상

是故菩薩於內外財爲求
시고보살어내외재위구

佛法悉能捨施無有恭敬而
불법실능사시무유공경이

不能行無有憍慢而不能捨
불능행무유교만이불능사

無有承事而不能作無有勤
무유승사이불능작무유근

苦而不能受若聞一句未曾
고이불능수약문일구미증

聞法生大歡喜勝得三千大
문법생대환희승득삼천대

千世界滿中珍寶若聞一偈
천세계만중진보약문일게

사경의 공덕은 십만억 부처님께 공양한 것과 같은 공덕이 있습니다.

入 입	說 설		王 왕	法 법	輪 륜	未 미
大 대	法 법	若 약	位 위	能 능	聖 성	聞 문
火 화	能 능	有 유	住 주	淨 정	王 왕	正 정
坑 갱	淨 정	人 인	無 무	菩 보	位 위	法 법
受 수	菩 보	言 언	量 량	薩 살	若 약	生 생
極 극	薩 살	我 아	百 백	行 행	得 득	大 대
大 대	行 행	有 유	千 천	勝 승	一 일	歡 환
苦 고	汝 여	一 일	劫 겁	得 득	偈 게	喜 희
當 당	今 금	句 구		帝 제	未 미	勝 승
以 이	若 약	佛 불		釋 석	曾 증	得 득
相 상	能 능	所 소		梵 범	聞 문	轉 전

사경의 공덕은 십만억 부처님께 공양한 것과 같은 공덕이 있습니다.

應 응	不 불	而 이	中 중	假 가	一 일	與 여
受 수	能 능	下 하	尙 상	使 사	句 구	菩 보
一 일	入 입	親 친	欲 욕	三 삼	佛 불	薩 살
切 체	然 연	自 자	從 종	千 천	所 소	爾 이
地 지	我 아	受 수	於 어	大 대	說 설	時 시
獄 옥	今 금	取 취	梵 범	千 천	法 법	作 작
衆 중	者 자	況 황	天 천	世 세	淨 정	如 여
苦 고	爲 위	小 소	之 지	界 계	菩 보	是 시
何 하	求 구	火 화	上 상	大 대	薩 살	念 념
況 황	佛 불	坑 갱	投 투	火 화	行 행	我 아
人 인	法 법	而 이	身 신	滿 만	故 고	以 이

中諸小苦惱
菩薩如是發勤精進求於
佛法如其所聞觀察修行此
菩薩得聞法已攝心安住於
空閑處作是思惟如說修行
乃得佛法非但口言而可清
淨

佛子是菩薩住此發光地
불자시보살주차발광지

時卽離欲惡不善法有覺有
시즉리욕악불선법유각유

觀離生喜樂住初禪滅覺觀
관리생희락주초선멸각관

內淨一心無覺無觀定生喜
내정일심무각무관정생희

樂住第二禪離喜住捨有念
락주제이선리희주사유념

正知身受樂諸聖所說能捨
정지신수락제성소설능사

有念受樂住第三禪斷樂先
유념수락주제삼선단락선

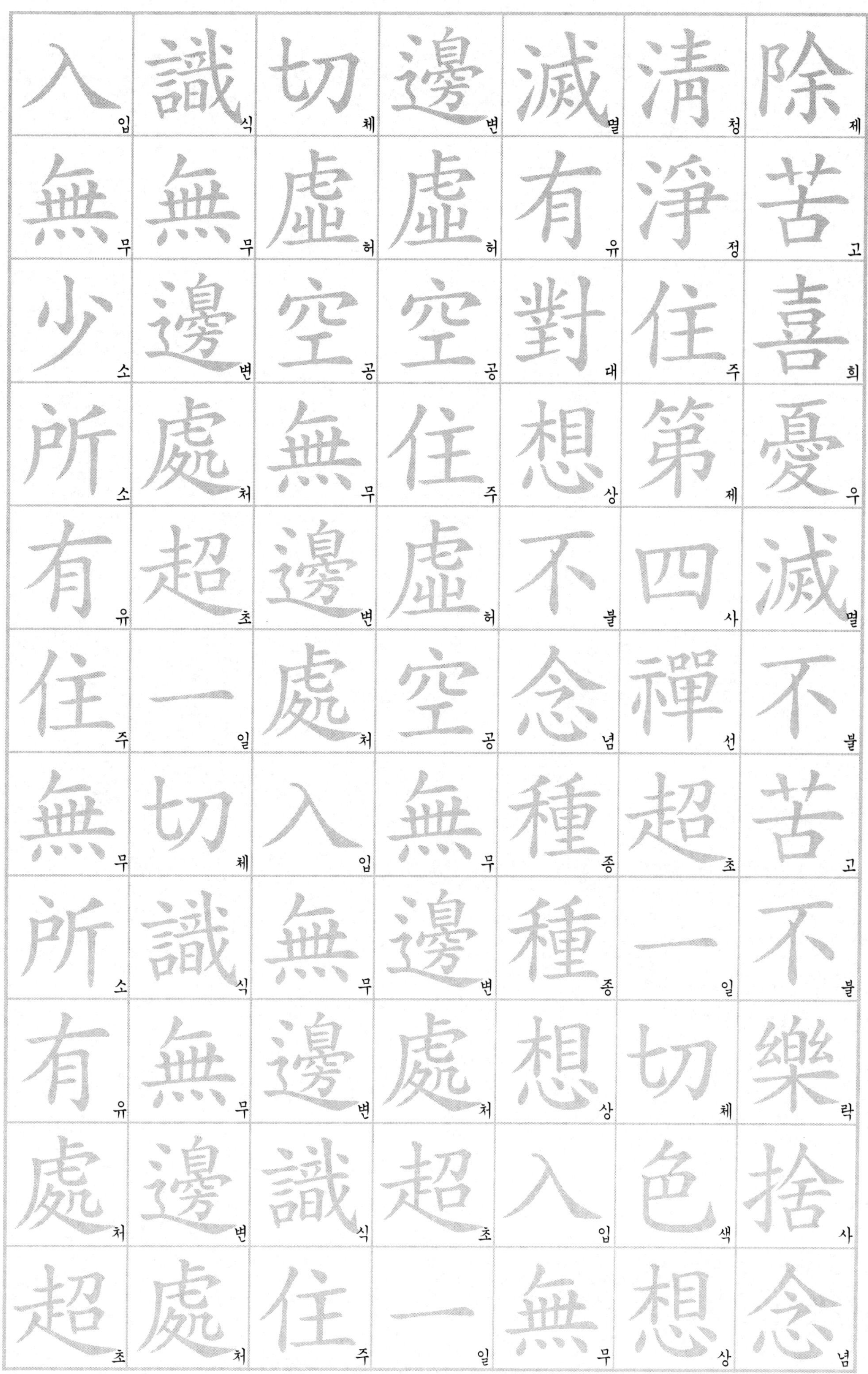
除苦喜憂滅不苦不樂捨念
清淨住第四禪超一切色想
滅有對想不念種種想入無
邊虛空住虛空無邊處超一
切虛空無邊處入無邊識住
識無邊處超一切識無邊處超
入無少所有住無所有處超

一切無所有處住非有想非 (일체무소유처주비유상비)

無想處但隨順法故行而無 (무상처단수순법고행이무)

所樂著 (소락착)

佛子此菩薩心隨於慈廣 (불자차보살심수어자광)

大無量不二無怨無對無障 (대무량불이무원무대무장)

無惱徧至一切處盡法界虛 (무뇌변지일체처진법계허)

空界徧一切世間住悲喜捨 (공계변일체세간주비희사)

亦(역)復(부)如(여)是(시)

佛(불)子(자)此(차)菩(보)薩(살)得(득)無(무)量(량)神(신)通(통)

力(력)能(능)動(동)大(대)地(지)以(이)一(일)身(신)爲(위)多(다)身(신)

多(다)身(신)爲(위)一(일)身(신)或(혹)隱(은)或(혹)顯(현)石(석)壁(벽)

山(산)障(장)所(소)往(왕)無(무)礙(애)猶(유)如(여)虛(허)空(공)於(어)

虛(허)空(공)中(중)跏(가)趺(부)而(이)去(거)同(동)於(어)飛(비)鳥(조)

入(입)地(지)如(여)水(수)履(이)水(수)如(여)地(지)身(신)出(출)煙(연)

等(등)	遠(원)	過(과)	乃(내)	能(능)	大(대)	焰(염)
聲(성)	所(소)	於(어)	至(지)	以(이)	雲(운)	如(여)
亦(역)	有(유)	人(인)	梵(범)	手(수)	日(일)	大(대)
悉(실)	音(음)	耳(이)	世(세)	捫(문)	月(월)	火(화)
能(능)	聲(성)	悉(실)	此(차)	摸(모)	在(재)	聚(취)
聞(문)	乃(내)	聞(문)	菩(보)	摩(마)	空(공)	復(부)
此(차)	至(지)	人(인)	薩(살)	觸(촉)	有(유)	雨(우)
菩(보)	蚊(문)	天(천)	天(천)	其(기)	大(대)	於(어)
薩(살)	蚋(예)	若(약)	耳(이)	身(신)	威(위)	水(수)
以(이)	虻(맹)	近(근)	清(청)	自(자)	力(력)	猶(유)
他(타)	蠅(승)	若(약)	淨(정)	在(재)	而(이)	如(여)

非 비	心 심	惱 뇌	離 리	貪 탐	謂 위	心 심
散 산	無 무	心 심	瞋 진	心 심	有 유	智 지
心 심	量 량	無 무	心 심	如 여	貪 탐	如 여
定 정	心 심	煩 번	有 유	實 실	心 심	實 실
心 심	略 략	惱 뇌	癡 치	知 지	如 여	而 이
非 비	心 심	心 심	心 심	離 리	實 실	知 지
定 정	非 비	小 소	離 리	貪 탐	知 지	他 타
心 심	略 략	心 심	癡 치	心 심	有 유	衆 중
解 해	心 심	廣 광	心 심	有 유	貪 탐	生 생
脫 탈	散 산	心 심	有 유	瞋 진	心 심	心 심
心 심	心 심	大 대	煩 번	心 심	離 리	所 소

非解脫心有上心無上心雜
비해탈심유상심무상심잡

染心非雜染心廣心非廣心
염심비잡염심광심비광심

皆如實知
개여실지

菩薩如是以他心智知衆
보살여시이타심지지중

生心此菩薩念知無量宿命
생심차보살념지무량숙명

差別所謂念一生念知二
차별소위념일생념지이

生三生四生乃至十生二十
생삼생사생내지십생이십

生 생	是 시	種 종	在 재	劫 겁	量 량	三 삼
於 어	久 구	族 족	某 모	成 성	千 천	十 십
某 모	住 주	如 여	處 처	壞 괴	生 생	乃 내
處 처	如 여	是 시	如 여	劫 겁	無 무	至 지
從 종	是 시	飲 음	是 시	無 무	量 량	百 백
某 모	苦 고	食 식	名 명	量 량	百 백	生 생
處 처	樂 락	如 여	如 여	成 성	千 천	無 무
死 사	我 아	是 시	是 시	壞 괴	生 생	量 량
生 생	於 어	壽 수	姓 성	劫 겁	成 성	百 백
於 어	彼 피	命 명	如 여	我 아	劫 겁	生 생
此 차	死 사	如 여	是 시	曾 증	壞 괴	無 무

處如是形狀如是相貌如是
처여시형상여시상모여시

言音如是過去無量差別皆
언음여시과거무량차별개

能憶念
능억념

此菩薩天眼淸淨過於人
차보살천안청정과어인

眼見諸衆生生時死時好色
안견제중생생시사시호색

惡色善趣惡趣隨業而去若
악색선취악취수업이거약

彼衆生成就身惡行成就語
피중생성취신악행성취어

사경의 공덕은 십만억 부처님께 공양한 것과 같은 공덕이 있습니다.

壞 괴	聖 성	語 어	若 약	壞 괴	具 구	惡 악
命 명	具 구	善 선	彼 피	命 명	足 족	行 행
終 종	足 족	行 행	衆 중	終 종	邪 사	成 성
必 필	正 정	成 성	生 생	必 필	見 견	就 취
生 생	見 견	就 취	成 성	墮 타	及 급	意 의
善 선	正 정	意 의	就 취	惡 악	邪 사	惡 악
趣 취	見 견	善 선	身 신	趣 취	見 견	行 행
諸 제	業 업	行 행	善 선	生 생	業 업	誹 비
天 천	因 인	不 불	行 행	地 지	因 인	謗 방
之 지	緣 연	謗 방	成 성	獄 옥	緣 연	賢 현
中 중	身 신	賢 현	就 취	中 중	身 신	聖 성

사경의 공덕은 십만억 부처님께 공양한 것과 같은 공덕이 있습니다.

菩(보)薩(살)天(천)眼(안)皆(개)如(여)實(실)知(지)

此(차)菩(보)薩(살)於(어)諸(제)禪(선)三(삼)昧(매)三(삼)摩(마)鉢(발)底(저)能(능)入(입)能(능)出(출)然(연)不(불)隨(수)其(기)力(력)受(수)生(생)但(단)隨(수)能(능)滿(만)菩(보)提(리)分(분)處(처)以(이)意(의)願(원)力(력)而(이)生(생)其(기)中(중)佛(불)子(자)是(시)菩(보)薩(살)住(주)此(차)發(발)光(광)地(지)以(이)願(원)力(력)故(고)得(득)見(견)多(다)佛(불)所(소)謂(위)見(견)多(다)百(백)佛(불)見(견)多(다)

千(천)佛(불)見(견)多(다)百(백)千(천)佛(불)乃(내)至(지)見(견)多(다)
百(백)千(천)億(억)那(나)由(유)他(타)佛(불)悉(실)以(이)廣(광)大(대)
心(심)深(심)心(심)恭(공)敬(경)尊(존)重(중)承(승)事(사)供(공)養(양)
衣(의)服(복)飲(음)食(식)臥(와)具(구)湯(탕)藥(약)一(일)切(체)資(자)
生(생)悉(실)以(이)奉(봉)施(시)亦(역)以(이)供(공)養(양)一(일)切(체)
衆(중)僧(승)以(이)此(차)善(선)根(근)迴(회)向(향)阿(아)耨(뇩)多(다)
羅(라)三(삼)藐(먁)三(삼)菩(보)提(리)於(어)其(기)佛(불)所(소)恭(공)

邪 사	劫 겁	微 미	欲 욕	滅 멸		敬 경
癡 치	不 부	薄 박	縛 박	因 인	此 차	聽 청
悉 실	積 적	於 어	色 색	緣 연	菩 보	法 법
得 득	集 집	無 무	縛 박	而 이	薩 살	聞 문
除 제	故 고	量 량	有 유	有 유	觀 관	已 이
斷 단	邪 사	百 백	縛 박	見 견	一 일	受 수
所 소	貪 탐	千 천	無 무	縛 박	切 체	持 지
有 유	邪 사	億 억	明 명	先 선	法 법	隨 수
善 선	瞋 진	那 나	縛 박	滅 멸	不 불	力 력
根 근	及 급	由 유	皆 개	一 일	生 생	修 수
轉 전	以 이	他 타	轉 전	切 체	不 불	行 행

更[갱]明[명]淨[정]

佛[불]子[자]譬[비]如[여]眞[진]金[금]善[선]巧[교]鍊[련]治[치]

稱[칭]兩[량]不[불]減[감]轉[전]更[갱]明[명]淨[정]菩[보]薩[살]亦[역]

復[부]如[여]是[시]住[주]此[차]發[발]光[광]地[지]不[부]積[적]集[집]

故[고]邪[사]貪[탐]邪[사]瞋[진]及[급]以[이]邪[사]癡[치]皆[개]得[득]

除[제]斷[단]所[소]有[유]善[선]根[근]轉[전]更[갱]明[명]淨[정]此[차]

菩[보]薩[살]忍[인]辱[욕]心[심]柔[유]和[화]心[심]諧[해]順[순]心[심]

悅美心不瞋心不動心不濁
열미심부진심부동심불탁

心無高下心不望報心報恩
심무고하심불망보심보은

心不諂心不誑心無險詖心
심불첨심불광심무험피심

皆轉清淨此菩薩於四攝中
개전청정차보살어사섭중

利行偏多十波羅蜜中忍波
리행변다십바라밀중인바

羅蜜偏多餘非不修但隨力
라밀변다여비불수단수력

隨分佛子是名菩薩第三發
수분불자시명보살제삼발

光地
광지

菩薩住此地多作三十三
보살주차지다작삼십삼

天王能以方便令諸衆生捨
천왕능이방편령제중생사

離貪欲布施愛語利行同事
리탐욕보시애어리행동사

如是一切諸所作業皆不離
여시일체제소작업개불리

念佛不離念法不離念僧乃
념불불리념법불리념승내

至不離念具足一切種一切
지불리념구족일체종일체

智智復作是念我當於一切
지지부작시념아당어일체

衆生中爲首爲勝爲殊勝爲
중생중위수위승위수승위

妙爲微妙爲上爲無上乃至
묘위미묘위상위무상내지

爲一切智智依止者若勤行
위일체지지의지자약근행

精進於一念頃得百千三昧
정진어일념경득백천삼매

得見百千佛知百千佛神力
득견백천불지백천불신력

能動百千佛世界乃至示現
능동백천불세계내지시현

百千身一一身百千菩薩以
백천신일일신백천보살이

爲眷屬若以菩薩殊勝願力
위권속약이보살수승원력

自在示現過於此數百劫千
자재시현과어차수백겁천

劫乃至百千億那由他劫不
겁내지백천억나유타겁불

能數知
능수지

爾時金剛藏菩薩欲重宣
이시금강장보살욕중선

其義而說頌曰
기의이설송왈

사경의 공덕은 십만억 부처님께 공양한 것과 같은 공덕이 있습니다.

清淨安住明盛心
厭離無貪無害心
堅固勇猛廣大心
智者以此入三地
菩薩住此發光地
觀諸行法苦無常
不淨敗壞速歸滅

無堅無住無來往
觀諸有爲如重病
憂悲苦惱惑所纏
三毒猛火恒熾然
無始時來不休息
厭離三有不貪著
專求佛智無異念

難(난)測(측)難(난)思(사)無(무)等(등)倫(륜)

無(무)量(량)無(무)邊(변)無(무)逼(핍)惱(뇌)

見(견)佛(불)智(지)已(이)愍(민)衆(중)生(생)

孤(고)獨(독)無(무)依(의)無(무)救(구)護(호)

三(삼)毒(독)熾(치)然(연)常(상)困(곤)乏(핍)

住(주)諸(제)有(유)獄(옥)恒(항)受(수)苦(고)

煩(번)惱(뇌)纏(전)覆(복)盲(맹)無(무)目(목)

志樂下劣喪法寶 (지락하열상법보)

隨順生死怖涅槃 (수순생사포열반)

我應救彼勤精進 (아응구피근정진)

將求智慧益衆生 (장구지혜익중생)

思何方便令解脫 (사하방편령해탈)

不離如來無礙智 (불리여래무애지)

彼復無生慧所起 (피부무생혜소기)

心念此慧從聞得
심념차혜종문득

如是思惟自勤勵
여시사유자근려

日夜聽習無間然
일야청습무간연

唯以正法爲尊重
유이정법위존중

國城財貝諸珍寶
국성재패제진보

妻子眷屬及王位
처자권속급왕위

菩薩爲法起敬心
보살위법기경심

如是一切皆能捨 (여시일체개능사)
頭目耳鼻舌牙齒 (두목이비설아치)
手足骨髓心血肉 (수족골수심혈육)
此等皆捨未爲難 (차등개사미위난)
但以聞法爲最難 (단이문법위최난)
設有人來語菩薩 (설유인래어보살)
孰能投身大火聚 (숙능투신대화취)

我當與汝佛法寶
아당여여불법보

聞已投之無怯懼
문이투지무겁구

假使火滿三千界
가사화만삼천계

身從梵世而投入
신종범세이투입

爲求法故不爲難
위구법고불위난

況復人間諸小苦
황부인간제소고

從初發意至得佛
종초발의지득불

其間所有阿鼻苦
기간소유아비고

爲聞法故皆能受
위문법고개능수

何況人中諸苦事
하황인중제고사

聞已如理正思惟
문이여리정사유

獲得四禪無色定
획득사선무색정

四等五通次第起
사등오통차제기

不隨其力而受生
불수기력이수생

菩薩住此見多佛 (보살주차견다불)
供養聽聞心決定 (공양청문심결정)
斷諸邪惑轉淸淨 (단제사혹전청정)
如鍊眞金體無減 (여련진금체무감)
住此多作忉利王 (주차다작도리왕)
化導無量諸天衆 (화도무량제천중)
令捨貪心住善道 (영사탐심주선도)

一向專求佛功德
일향전구불공덕

佛子住此勤精進
불자주차근정진

百千三昧皆具足
백천삼매개구족

見百千佛相嚴身
견백천불상엄신

若以願力復過是
약이원력부과시

一切衆生普利益
일체중생보리익

彼諸菩薩最上行
피제보살최상행

如是所有第三地
여시소유제삼지

我依其義已解釋
아의기의이해석

發 願 文

귀의 삼보하옵고
거룩하신 부처님께 발원하옵나이다.

주　소 : ______________________

전　화 : ____________ 불 명 : ________ 성 명 : ________

불기 25 ________ 년 ________ 월 ________ 일